JN424952

은행나무 숲 가락

민병도 동시조 · 그림

목언예원

이 도서의 국립중앙도서관 출판예정도서목록(CIP)은 서지정보유통지원시스템 홈페이지(http://seoji.nl.go.kr)와 국가자료공동목록시스템(http://www.nl.go.kr/kolisnet)에서 이용하실 수 있습니다.(CIP제어번호: CIP2020038241)

은행나무 숟가락

지은이 · 민병도
펴낸이 · 민병도
펴낸곳 · 목언예원

초판 인쇄 : 2020년 9월 10일
초판 발행 : 2020년 9월 15일

목언예원
출판등록 : 2003년 2월 28일 제8호
경북 청도군 금천면 선바위길 53 (신지2리 390-2)
전화 : 054-371-3544 (팩스겸용)
E-mail : mbdo@daum.net

ISBN 978-89-94733-95-1 03810

저자와의 협의에 의해 인지를 생략합니다.

가격 : 15,000원

은행나무 숲가락

민병도

동시조 · 그림

목언예원

책머리에

첫 번째 동시조집『노을이 긴 팔을 뻗어』에 이어 두 번째 동시조집을 묶습니다. 이 땅의 미래이자 희망인 어린이들에게 보내는 헌사였으면 하는 바램에서입니다.

동심童心은 부족하지만 무한하고
동심은 허황하지만 희망차고
동심은 무모하지만 순수합니다.
동심은 어리지만 어른의 뿌리입니다.

동심은 어린 시절에 잠깐 만나는 마음상태가 아닐 것입니다. 나이를 먹어가면서 버거운 일상의 찌꺼기로 인해 덮이고 가려져 보지 못할 뿐입니다. 늘 깨어나는 마음으로 동심의 시간을 맞이하고 싶습니다.

2020년 9월

민병도

차례

PART 01 | 하늘도 공책이네

PART 02 | 흙 속에 발을 묻으면

PART 03 | 삼팔선이 없는 나라

PART 04 | 한 마리 새가 되어서

하늘도 공책이네

귀뚜라미

달빛 한 올 가로 넣고
별빛 한 올 세로 끼워

밤을 꼬박 새워가며
찌륵찌륵 베를 짜네

컹컹컹 개라도 짖으면
개소리도 함께 짜네

하늘도 공책이네

의자

누구를 기다릴까
꽃길 저쪽 나무의자

떨어진 꽃잎 몇 개
뒹굴다 떠나간 뒤

어둠이 하늘 문 닫자
별을 불러 앉혀요

하늘 공책

해가 쓰고 달이 지우는
하늘도 공책이네

썼다가는 지우고
지웠다간 다시 쓰는

엄마의 가계부처럼
더할수록 모자라는

소금

소금이 물이라네요
바짝 말린 바닷물

하나 둘 세엣 넷,
서로 잘난 모서리

거칠게 출렁거리던
파도 속의 하얀 뼈

보름달

외갓집 마당가에 깜박하고 놔두고 온

굴렁쇠가 따라와서 집까지 따라와서

내 작은 창문을 너머로 꿀렁꿀렁 굴라가요

풀벌레

풀벌레는 잠도 없나
밤새도록 책을 읽어요

어떤 애는 국어책을,
어떤 애는 동화책을

별들이 말려보지만
들은 척도 않아요

옥수수

보는 사람 없어도
저들끼리 줄을 섰다

야단칠 사람 없어도
보란 듯이 줄을 섰다

이렇게 무더운 날에
결석도 한 명 없이

과감한 가을

노랗게 익은 모과가
툭! 하고 떨어졌어요

깨어질 줄 알면서
뛰어내린 모과를 들고

이것이 '과감'이란다
엄마가 말했어요

별1

별들도 밤이 되면
집집마다 불을 켜네요

아빠가 오실 때까지
불 켜두신 엄마처럼…

별에도 늦게 돌아오시는
아빠들이 많나 봐요

나뭇잎 숟가락

나뭇잎은 숟가락,
햇살 곧잘 떠먹어요

반짝반짝 윤이 나게
배를 잔뜩 채우고선

졸음도 함께 먹었는지
숟가락 툭, 흘려요

코스모스

못 지킬 약속이면
아예 하질 말아야지

올해도 목을 빼고
길목을 지키는 꽃

바람도 신발을 들고
살금살금 지난다

꽃은 왜 아프지 않을까

언니가 꽃밭에서
꽃 한 송이 꺾어줬어요

피가 철철 나는데도
곱게곱게 웃기만 해요

꽃은 왜 아프지 않을까?
대신 내가 아파요

강물은

손에 손을 잡거나
어깨동무 나란히 하고

흐르는 강물 앞을
돌이 가로 막았어요

강물은 화내는 대신
노래 불러 주어요

하늘도 공책이네

바람은 외할머니

주머니에 봄을 감춘
바람은 외할머니,

외손녀가 기다리는
꽃밭까지 달려와서

까르르 웃을 때까지
곁에 앉아 기다려요

흙 속에 발을 묻으면

봄비

나직한 귓속말로 봄비가 물었어요

방학숙제 해온 사람 손 한번 들어봐요

다투어 손을 드네요 수줍은 듯 여기저기

궁금해

엄마 따라 씨앗 몇 개
땅속에 묻어두었다

피보다 물감보다
더 붉게 핀 사루비아

흙 속에 발을 묻으면
저 꽃처럼 나도 필까

비

가랑비도 소나기도
//// ||||

비는 기껏해야
1자 밖에 모르지만

더불어 손을 잡고서
강이 되고 호수되네

꽃이 꽃에게

살구꽃이 하륵하륵
바람에 날아가면

아기 꽃잎 기다린 듯
이빨 쏘옥 내밀어요

떠나는 꽃을 위하여
꽃도 꽃을 바쳐요

꽃잠

하품을 이기지 못해
꽃들도 잠을 잔다

연꽃은 물속에서
채송화는 땅에 누워

나비가 깨울 때까지
바람 이불 덮고 잔다

햇살은

햇살은 큰 빗자루
동네 눈을 다 치워요

햇살은 또 넓은 걸레,
숨은 어둠 골라 닦죠

온종일 쓸고 닦아도
얼굴 저리 환해요

나팔꽃

새아침이 밝았다고
뿌우 뿌 나팔 불어요

엄마한테 꾸중 듣던
어제는 지나갔다고

얼굴이 빨개지도록
힘주어 나팔 불어요

풀벌레 2

몰래몰래 밤비 내려
세상이 다 젖어도

풀벌레 노래 소리는
하나도 젖지 않네

흙 속에 잠든 씨앗들
노래 불러 깨우네

별 3

불빛이 싫은 건지
어둠과 친한 건지

아파트 창 너머에
떠돌이로 살던 별이

할머니 잠든 지붕 위
이삿짐을 푸네요

겨울나무

여름 내내 뜨개질 한
알록달록 고운 옷을

첫눈이 오기도 전에
홀딱 벗은 겨울나무

친구들 꽁꽁 언 맨발
한 겹 두 겹 덮네요

벽시계

길이라도 잃은 걸까
제자리서 빙글빙글

어쩌면 엄마 심부름
깜빡 잊은 걸까

키 큰 애 뒤 따라 가며
빙빙 도는 작은 애

나무는

나무는 눈 속에서도
겨우내 얼지 않고

나무는 불이 나도
달아나지 아니하고

나무는 미운 짝꿍도
밀쳐내지 아니하고

아빠와 물총새

물총새를 보여준다는
아빠 따라 강에 갔어요

은비늘 파닥파닥
피라미를 물고 나는

어릴 적 아빠의 하늘만
실컷 보다 왔어요

꽃들은 1

아무리 살펴봐도 꽃에는 눈이 없지만

그런데도 엄마보다 더 곱게 화장을 해요

꽃들은 눈보다 더 밝은 고운 마음 있나봐요

몽당 호미

날마다 흙을 파던
외할머니 몽당 호미

손발이 닳고 닳아
허옇게 뼈가 보여도

고구마 캐낼 생각에
혼자 밭을 지켜요

내 마음

예쁜 꽃을 보면 나도 꽃이 되고 싶다
날마다 지친 얼굴 힘겨운 엄마에게 가
활짝 핀 붉은 카네이션, 가슴 꽃이 되고 싶다

날아가는 새를 보면 나도 새가 되고 싶다
형제를 갈라놓은 철조망을 넘어가서
저만치 봄이 온다고 노래 불러주고 싶다

삼팔선이 없는 나라

깃발은

아무도 못 말리는
깃발은 새침데기

해가 떠도 달이 저도
거들떠도 보지 않고

오로지 바람하고만
얼싸안고 춤을 춰요

바다는

빗방울이 모여서
강물이 되었대요

강물이 다시 모여
바다가 되었대요

바다는 빗방울 나라,
삼팔선이 없는 나라

가로등

새벽 일 나간 아빠
기침소리 기다리며

한눈 한 번 팔지 않고
비를 맞는 가로등

젖어도 젖지 않은 척
골목길을 살핀다

청개구리

개굴개굴 개굴개굴
개굴대는 청개구리

소나기가 올 거라며
동네방네 들쑤신다

엄마가 늘어둔 빨래
젖는다고 외친다

일요일

낚시 가신 아빠대신
엄마는 텔레비전

오빠마저 핸드폰 속
만화 꺼내 킥킥킥

심심한 고양이 네로
제 꼬리를 잡고 논다

불

휴지를 태우느라
불을 후욱 붙였어요

붉은 혀 날름거리며
뜨겁게 춤추던 불,

타버린 재를 보더니
슬그머니 숨지요

바람은

천 개의 손을 가진
바람은 요술할멈

한꺼번에 이 꽃 저 꽃
골라가며 만지면서도

한 번도 자기 얼굴은
보여주지 않네요

비와 강물

똑바로 비스듬히
하늘에 실을 걸어

누가 입을 옷인지
하루 종일 베 짜는 비

엎드려 넓고 긴 베를
울며 받아 안는 강

풀벌레 울어

여름이 쫓겨 간다나 가을이 쳐들어온다나

밤마다 풀벌레 울어 찌륵찌륵 자꾸 울어

산 너머 달님 오시게 밤길 곱게 닦네요

霽月堂

물아물아 미안해

흙 묻은 손 더러워서
물에 싹싹 씻었어요

비누도 칠해가며
뽀득뽀득 씻었어요

어쩌나 찡그린 얼굴,
물아물아 미안해

연잎은 새침데기

바람이 살금살금
등 뒤로 다가가도

어느새 알아챘는지
고개 살랑 젓는 연잎

실비에 개구리 울면
구슬 빚어 떼구르

토요일

월 화 수 아침마다 잠공주라 놀려대도

학교에 가지 않는 토요일엔 혼자 일어나

늦잠 든 엄마아빠를 내가 도로 깨우지

지금

하지 못한 말 있으면
이 자리서 해봐요

하고 싶은 노래도
참지 말고 불러요

그래도 미운 생각은
지금 당장 버려요

졸졸졸

아침이 밝았다고
시냇물이 졸졸졸

해 저물어 어둡다고
소리 높여 졸졸졸

까마득 갈 길 멀다고
잠 안 자고 졸졸졸

알 수 없어요

꽃이 부르지 않아도 나비가 날아오는데
나무가 부르지 않아도 크고 작은 새 모이는데
나는 왜 손 내밀어도 모두모두 떠날까

물의 속삭임

누나 따라 강에 나가면
물과 물의 속삭임

고운 손과 미운 손이
서로서로 손잡아야

지쳐서 쓰러지지 않고
바다까지 간대요

한 마리 새가 되어서

별 2

그제 처음 사귄
내 친구 하늘 친구

커텐을 내렸는지
오늘 밤 캄캄해요

손 편지 써보내라고
내가 너무 졸랐나봐

새 1

신호등이 없어도
철조망이 없어도

삐리삐리 짹 째잭
새들은 슬프지 않네

온 세상 내 나라 내 땅
울음마저 노래네

꽃들은 2

함부로 꺾어다가
꽃다발을 만들어도

꽃들은 안 아플까
비명을 왜 안 지를까

꺾는 손 미안할까봐
안 아픈 척 할 거야

모닥불

모닥불을 피워놓고
고기를 구웠어요

제 몸을 태워가며
춤을 추던 불의 긴 혀

아빠의 주름살 펴주고
하얀 재가 되었어요

은행나무 숟가락

은행나무 잎사귀는
은행나무 숟가락이네

햇살을 떠먹다가
바람을 떠먹다가

황금빛 마차를 타네
가을 하늘 부신 날

까치 알람

할머니 댁 감나무에
아침 일찍 새가 웁니다

언덕 너머 사래 긴 밭
고추 따러 가야한다며

발 동동 굴러가면서
목청 높여 웁니다

단풍잎

의자 위 단풍잎 둘
소곤소곤 얘기해요

얘 넌 왜 키가 작니?
그런 넌 왜 낯이 붉어?

서로가 묻기만 하다가
바람비행기 타지요

가랑잎과 할머니

가랑잎 몰래 떨어져 내 손등에 내렸어요

푹 꺼진 눈가 주름과 찌그러진 콧등 너머

병원에 남겨두고 온 할머니가 보였어요

무지개

소나기에 흠뻑 젖은
마을이 걱정되었나

강 건너 뒷산 너머
사다리를 보내주네

누굴까 빨주노초파남보
하늘가는 소풍 길

꽃밭에서

세수하고 분 바르고
새 옷마저 꺼내 입고

아이 자랑 집안 자랑에
해 지는 줄 모릅니다

꽃들도 자기자랑에
신이 나나 봅니다

바람과 나뭇잎

연초록 나뭇잎이
바람의 말 받아 적는다

바람이 껴안고 오는
봄을 받아 적는다

새로 산 하늘공책에
파릇파릇 적는다

아기 꽃의 의문

붉은 꽈리 곁에
노란 국화 피었다

어린 국화가 물었다
쟤는 왜 향기가 없어요?

향기가 모자란 대신
예쁜 옷을 입었단다

새 2

잠꾸러기 친구를 위해
새가 새를 깨운다

호르륵, 끼득끼득,
삐죽삐죽, 추추짹짹

혼자는 맛이 없는 밥
함께 먹자 깨운다

책

책 속에는 빼곡하게
글자들이 잠을 잔다
어쩌다 내가 다가가
어깨라도 흔들어주면
그제야 눈을 비비며
귀찮은 듯 일어난다

책 속에는 크고 작은
생각들이 살고 있다
어쩌다 내가 다가가
손이라도 내밀어주면
한 마리 새가 되어서
등에 잠시 앉는다

글·그림

민병도 閔炳道

Min Byung Do

경북 청도에서 출생(1953)하여 영남대학교 미술대학과 대학원을 졸업하였다.

1976년 한국일보 신춘문예 당선과 1978년 〈시문학〉 추천 완료로 문단활동을 시작하였고 영남대학교, 대구예술대학교, 대구대학교 대학원 등에서 강의하였다.

1985년 첫 시조집 『설잠雪岑의 버들피리』를 시작으로 『숨겨둔 나라-자유시』, 『갈 수 없는 고독』, 『無常의 집』, 『만신창이의 노래-자유시』, 『섬』, 『地上의 하루』, 『불이不二의 노래』, 『청동의 배를 타고』, 『슬픔의 상류』, 『마음 저울』, 『내 안의 빈 집』, 『원효』, 『들풀』, 『장국밥-시조선집』, 『칼의 노래』, 『바람의 길』, 『만파식적-시조선집』, 『부록의 시간』, 『노을이 긴 팔을 뻗어-동시조집』를 발간하였다.

그 밖에 번역시조집으로 『청동물고기』(일역日譯), 『한 때, 꽃』(중역中譯)이 있고 시화집으로 『매화 홀로 지다』와 『흐르는 강물처럼』, 수필집으로 『고독에의 초대』와 『꽃은 꽃을 버려서 열매를 얻는다』가 있다.

시조평론집으로『형식의 해방공간』,『닦을수록 눈부신 3장의 미학』,『비정형非定型의 정형화定型化』,『시조, 정형성에 대한 새로운 이해』가 있다.

1991년 제1회 한국시조작품상을 수상하였고 이어서 정운(이영도)시조문학상(1997), 제1회 대구시조문학상(1998), 중앙시조대상(2000), 제1회 월간문학 〈동리상〉(2003), 가람시조문학상(2006), 한국문학상(2008), 금복문화상(문학-2009), 김상옥시조문학상(2012), 외솔시조문학상(2018)을 수상하였다.

지금까지 26회의 미술작품 개인전을 가졌고 한국미술협회 부이사장, 대구미술협회 회장, 한국문인협회 시조분과회장, 한국시조시인협회 이사장, 대구시조시인협회장 등을 지냈다.

현재는 (사)국제시조협회 이사장, 계간《시조21》발행인, 이영도 · 시조문학상 운영위원장으로 일하며 시 쓰는 일과 그림 그리는 일을 하고 있다.

mbdo@daum.net